VEGETARIANISMO

VEGETARIANISMO

R. ORCE

Copyright © 2006 Asociación General,
Sociedad Misionera Internacional
de los Adventistas del Séptimo Día,
Movimiento de Reforma

Copyright © 2006 IMS Publishing Association

Internet: www.imssdarm.org

Todos los derechos reservados. No se permite reproducir, almacenar
en sistemas de recuperacion de la información ni transmitir alguna
parte o la totalidad de esta publicación, cualquiera que sea el medio
empleado -electrónico, mecánico, fotocopia, grabacion, etc.-, sin el
permiso previo de los titulares de los derechos de la propiedad intelectual.

ÍNDICE

INTRODUCCIÓN

El vegetarianismo a la luz de la Biblia y el Espíritu de Profecía, es un tema presentado, en primer lugar, de acuerdo a los principios expresados en las Sagradas Escrituras y en segundo lugar se citan los Testimonios que confirman la actualidad de los mismos para el pueblo de Dios del tiempo del fin.

La temática alimentaria en las páginas sagradas ha sido desarrollada desde diferentes perspectivas, a fin de ofrecer una panorámica más amplia y diferencial. El aspecto histórico, profético, simbólico y espiritual de la alimentación en la Biblia conforman la mayor parte del texto.

La siguiente cita bíblica sintetiza el propósito de esta exposición: "Si, pues, coméis o bebéis, o hacéis otra cosa, hacedlo todo para la gloria de Dios" (1 Corintios 10:31).

HISTORIA

La temática acerca de la alimentación no es un tema aislado en las Sagradas Escrituras, ya que en el primer capítulo de la Biblia encontramos explícitamente la dieta asignada por Dios a los primeros seres humanos, así como el desarrollo de este tópico a lo largo de la Palabra del Señor en relación a la evolución de la historia humana.

1.1. Paraíso

"...He aquí que os he dado toda planta que da semilla, que está sobre toda la tierra, y todo árbol en que hay fruto y que da semilla; os serán para comer" Génesis 1:29.

La alimentación designada por el Señor, originalmente, se componía de:

- "planta que da semilla"
- "árbol que lleva fruto y da semilla"

Así pues, se nos informa a través del registro divino que el hombre había de comer tanto cereales como frutas oleaginosas y todas las demás frutas.

1.2. EXPULSIÓN DEL PARAÍSO

"…y comerás plantas del campo" Génesis 3:18.

Las citas bíblicas expresan los siguientes alimentos previstos por Dios para el ser humano antes de la caída en el pecado e inmediatamente después:

- "planta que da semilla"
- "árbol que lleva fruto y da semilla"
- "plantas del campo"

Al salir del Edén para ganarse el sustento labrando la tierra, el hombre recibió una adición a su alimentación general: "plantas del campo'. Los cereales, las frutas carnosas, los frutos oleaginosos, las legumbres y las hortalizas conformaban, después de la caída en el pecado, el alimento escogido por el Creador para los seres humanos.

1.3. POSTDILUVIO

"Todo lo que se mueve y vive, os será para mantenimiento; así como las legumbres y plantas verdes, os lo he dado todo. Pero carne con su vida, que es su sangre, no comeréis" Génesis 9:3, 4.

Antes de ese tiempo, Dios no había permitido al hombre que comiera carne; quería que la raza humana subsistiera enteramente con los productos de la tierra; pero ahora que toda cosa verde había sido destruida, les dio permiso para que consumieran la carne de los animales limpios que habían sido preservados en el arca.

Es importante considerar que los animales que se les permitió comer correspondían a la categoría de "limpios", lo cual puede comprobarse a partir de las siguientes citas:

"De todo animal limpio tomarás siete parejas, macho y su hembra; mas de los animales que no son limpios, una pareja, el macho y su hembra Génesis 7:2.

Antes del diluvio era conocida por Noé la diferencia entre animales "limpios" y "no limpios".

El número de animales limpios que debían preservarse en el arca era bastante mayor que la de no limpios; diferencia de uno a siete.

Sí inmediatamente después de la salida del arca el Señor hubiera mencionado la ingesta de animales sin diferencia alguna entre ellos, cuando sólo existía una pareja de los animales no limpios, entonces algunas especies de éstos habrían desaparecido y no habría tenido sentido preservarla en el arca.

Sin embargo, de los animales limpios se disponía de siete parejas.

"Y edificó Noé un altar a Jehová, y tomó de todo animal limpio y de toda ave limpia, y ofreció holocausto en el altar" Génesis 8:20.

Después de abandonar el arca, Noé presentó un holocausto a Dios en agradecimiento y reconocimiento por el sustento y la protección que habían recibido del Señor y también en esta ocasión se confirma el conocimiento que poseía acerca de la diferencia entre animales limpios e inmundos, pues ofreció únicamente de los primeros.

Aunque se les permitía comer carne de animales limpios, debían ingerirla tras haber cumplido un requisito imprescindible:

"Pero carne con su vida, que es su sangre, no comeréis" Génesis 9:4.

En esta cita encontramos la prohibición explícita de introducir sangre de animales en la alimentación, sea junto con la carne o por separado.

En este tercer período alimentario encontramos los siguientes elementos a ingerir:

- "planta que da semilla"
- "árbol que lleva fruto y da semilla"

- "plantas del campo"
- "carne de animales limpios" sin ingesta de sangre

1.4. DESIERTO

Cuando el Señor liberó de la esclavitud a Israel y lo dirigió al desierto con el fin de educarle en su verdad, también proveyó alimentación adecuada para esta gran multitud.

"...¿Qué es esto? porque no sabían qué era. Entonces Moisés les dijo: Es el pan que Jehová os da para comer" Éxodo 16:15.

Este "pan" que Dios había previsto para su pueblo se describe del siguiente modo:

- "Y la casa de Israel lo llamó Maná; y era como semilla de culantro, blanco, y su sabor como de hojuelas con miel" Éxodo 16:31.
- "Y les dio trigo de los cielos" Salmos 78:24.
- "Pan de nobles comió el hombre..." Salmos 78:25.

El modo de preparación también se encuentra descrito en las Sagradas Escrituras:

"El pueblo se esparcía y lo recogía, y lo molía en molinos o lo majaba en morteros, y lo cocía en caldera o hacía de él tortas; su sabor era como sabor de aceite nuevo" Números 11:8.

La Palabra de Dios nos informa acerca del período de tiempo en que se les suministró este alimento de origen celestial: "Así comieron los hijos de Israel maná cuarenta años, hasta que llegaron a tierra habitada; maná comieron hasta que llegaron a los límites de la tierra de Canaán" Éxodo 16:35.

Durante la peregrinación de Israel por el desierto, recibieron como alimento enviado por Dios únicamente maná, pues este modo de alimentación era la prevista por el cielo. Aunque deben tomarse en consideración las dos ocasiones en que comieron carne:

- "y les decían los hijos de Israel: Ojalá hubiéramos muerto por mano de Jehová en la tierra de Egipto, cuando nos sentábamos a las ollas de carne, cuando comíamos pan hasta saciarnos; pues nos habéis sacado a este desierto para matar de hambre a toda esta multitud" Éxodo 16:3.

Aproximadamente dos meses después de la salida de Egipto y poco antes de llegar al Sinaí, Israel solicitó carne y pan. Ambos alimentos se le concedieron, de acuerdo al informe bíblico, aunque el primero no de acuerdo a la voluntad de Dios, sino a su propio deseo y únicamente por un día (*Consejos Sobre régimen alimenticio*, pág. 452).

"Y al atardecer llegaron codornices que cubrieron el campamento, y a la mañana descendió rocío alrededor del campamento" Éxodo 16:13.

- "Los extranjeros que iban con ellos tuvieron un vivo deseo, y los israelitas volvieron a lamentar: ¡Quien nos diera a comer carne!" Números 11:4.

Aproximadamente dos años después de la salida de Egipto y muy cerca de los límites de Canaán, Israel volvió a pedir carne y también en esta ocasión se les concedió su deseo, pero en contra del próposito divino y con su evidente desagrado, durante un mes.

"Pero al pueblo dirás: ...comeréis carne; porque habéis llorado en oídos de Jehová, diciendo: !Quién nos diera a comer carne!... No comeréis un día, ni dos días, ni cinco días, ni diez días, ni veinte días, sino hasta un mes entero, hasta que os salga por las narices, y la aborrezcáis, por cuanto menospreciasteis a Jehová que está en medio de vosotros..." Números 11:18-20.

"Aún estaba la carne entre los dientes de ellos, antes que fuese masticada, cuando la ira de Jehová se encendió en el pueblo, e hirió Jehová al pueblo con una plaga muy grande. Y llamó el nombre de aquel lugar Kibrot-hataava (tumba de los codiciosos), por cuanto allí sepultaron al pueblo codicioso" Números 11:33, 34.

Así pues, durante apróximadamente cuarenta años Israel tuvo como alimento previsto por Dios "maná", que era similar a una semilla que descendía del cielo como el rocío cada mañana.

1.5. CANAÁN

"Cuando Jehová tu Dios ensanchare tu territorio, como él te ha dicho, y tú dijeres: Comeré carne, porque deseaste comerla, conforme a lo que deseaste podrás comer" Deuteronomio 12:20.

Cuando tomaron posesión de Canaán, Dios había permitido a Israel que comiera carne cuando lo desearan, pues les apetecía, aunque había establecido claras restricciones respecto a la alimentación:

• Diferencia entre animales limpios e inmundos

"Esta es la ley acerca de las bestias, y las aves, y todo ser viviente que se mueve en las aguas, y todo animal que se arrastra sobre la tierra, para hacer diferencia entre lo inmundo y lo limpio, y entre los animales que se pueden comer y los animales que no se pueden comer" Levítico 11:46, 47.

• Prohibición de ingesta de sangre

"Solamente que te mantengas firme en no comer sangre; porque la sangre es la vida, y no comerás la vida juntamente con su carne. No la comerás; en tierra la derramarás como agua" Deuteronomio 12:23, 24.

• Prohibición de ingesta de grasa

"Habla a los hijos de Israel, diciendo: Ninguna grosura de buey ni de cordero ni de cabra comeréis" Levítico 7:23.

• Prohibición de ingesta de carne no sacrificada correctamente

"Mortecino ni despedazado por fiera no comerá, contaminándose en ello. Yo Jehová" Levítico 22:8.

- **Prohibición de ingesta de cualquier alimento en días de ayuno declarados por Dios**

"A los diez días de este mes séptimo será el día de expiación; tendréis santa convocación, y afligiréis vuestras almas, y ofreceréis ofrenda encendida a Jehová. Porque toda persona que no se afligiere en este mismo día, será cortada de su pueblo" Levítico 23:27, 29.

1.6. Filadelfia & Laodicea

"Por tanto, el Señor, Jehová de los ejércitos, llamó en este día a llanto y a endechas, a raparse el cabello y a vestir cilicio; y he aquí gozo y alegría, matando vacas y degollando ovejas, comiendo carne y bebiendo vino, diciendo: Comamos y bebamos, porque mañana moriremos. Esto fue revelado a mis oídos de parte de Jehová de los ejércitos: Que este pecado no os será perdonado hasta que muráis, dice el Señor, Jehová de los ejércitos" Isaías 22:12-14.

De acuerdo a esta cita el Señor considera un pecado ingerir carnes limpias cuando Él mismo requiere de su pueblo profunda reflexión y endecha. Al estudiar estos versículos en el contexto del capítulo se establece una relación especialmente interesante con dos etapas de la historia de la iglesia de Dios en el tiempo del fin:

- **Etapa de Filadelfia**

Antiguo Testamento: "Y pondré la llave de la casa de David sobre su hombro; y abrirá, y nadie cerrará; cerrará, y nadie abrirá" Isaías 22:22.

Nuevo Testamento: "Escribe al ángel de la iglesia en Filadelfia: Esto dice el Santo, el Verdadero, el que tiene la llave de David, el que abre y ninguno cierra, y cierra y ninguno abre" Apocalipsis 3:7.

- **Etapa de Laodicea**

Antiguo Testamento: "Y pondré la llave de la casa de David sobre su hombro; y abrirá, y nadie cerrará; cerrará, y nadie abrirá" Isaías 22:22.

Nuevo Testamento: "Y el templo de Dios fue abierto en el cielo, y el arca de su pacto se veía en el templo. Y hubo relámpagos, voces, truenos, un terremoto y grande granizo" Apocalipsis 11:19.

La única ocasión en que se abría la cortina que separaba el lugar Santo del Santísimo era el día de la expiación:

"...y lo llevará detrás del velo ...En el mes séptimo, a los diez días del mes, afligiréis vuestras almas" Levítico 16:12, 29.

"A los diez días de este mes séptimo será el día de expiación; tendréis santa convocación, y afligiréis vuestras almas, y ofreceréis ofrenda encendida a Jehová ...porque es día de expiación, para reconciliaros delante de Jehová vuestro Dios." Levítico 23:27-28; ya que "tras el segundo velo estaba la parte del tabernáculo llamada el Lugar Santísimo ...pero en la segunda parte, sólo el sumo sacerdote una vez al año..." Hebreos 9:3, 7.

"Y él dijo: Hasta dos mil trescientas tardes y mañanas; luego el santuario será purificado." Daniel 8:14. Esta cita profética establece el vínculo entre Levítico 16, donde se encuentra la descripción del ritual realizado en el día de la expiación, junto a la apertura de la cortina, velo o puerta de Isaías 22:22 y su cumplimiento en Apocalipsis 3:7 y 11:19 con la comprensión de Daniel 8:14 en la época de Filadelfia y el inicio del juicio investigador en la época de Laodicea. Así pues, la declaración de Isaías 22:12-14 encuentra su período de cumplimiento precisamente en la última fase de la historia de la iglesia: Laodicea o "pueblo del juicio" y por lo tanto la ingesta de carne procedente de animales limpios es declarada pecado.

La alimentación prevista por Dios para la última iglesia se conforma de los siguientes productos:

- "planta que da semilla"
- "árbol que lleva fruto y da semilla"
- "plantas del campo"

1.7. PARAÍSO

La alimentación que Dios proveerá para su pueblo redimido se encuentra descrita en las Sagradas Escrituras.

• Semilla

"...Al que venciere, daré a comer del maná escondido..." Apocalipsis 2:17.

"...Maná, y era como semilla de culantro, blanco, y su sabor como de hojuelas con miel" Éxodo 16:31.

• Frutas

"Y junto al río, en la ribera, a uno y otro lado, crecerá toda clase de árboles frutales; sus hojas nunca caerán, ni faltará su fruto. A su tiempo madurará, porque sus aguas salen del santuario; y su fruto será para comer, y su hoja para medicina" Ezequiel 47:12.

"... estaba el árbol de la vida, que lleva doce frutos. Cada mes da su fruto, y las hojas del árbol son para la sanidad de las naciones" Apocalipsis 22:2.

Así pues, los alimentos de los salvados serán:

- **"planta que da semilla"**
- **"árbol que lleva fruto y da semilla"**

1.8. RESUMEN -ETAPAS ALIMENTARIAS EN LA BIBLIA.

ÉPOCA	ALIMENTACIÓN
1. Paraíso	• "planta que da semilla" • "árbol que lleva fruto y da semilla"
2. Expulsión del Paraíso	• "planta que da semilla" • "árbol que lleva fruto y da semilla" • "plantas del campo"
3. Postdiluvio	• "planta que da semilla" • "árbol que lleva fruto y da semilla" • "plantas del campo" • "carne de animales limpios" sin ingesta de sangre
4. Desierto	• "maná". "Era como semilla de cilantro"
ÉPOCA	**ALIMENTACIÓN**
5. Canaán	• "planta que da semilla" • "árbol que lleva fruto y da semilla" • "plantas del campo" • "carne de animales limpios" sin ingesta de sangre, grasa ni de animales sacrificados incorrectamente
6. Filadelfia & Laodicea	• "planta que da semilla" • "árbol que lleva fruto y da semilla" • "plantas del campo"
7. Paraíso	• "planta que da semilla" • "árbol que lleva fruto y da semilla"

SIMBOLOGÍA

Las Sagradas Escrituras establecen una relación muy interesante entre los alimentos prohibidos y la simbología que se les confiere, lo cual es importante tomar en consideración en el tema que se trata.

2.1. SANGRE

La prohibición de la ingesta de sangre se relaciona con la premisividad en la alimentación cárnica después del diluvio, ya que anteriormente no era necesaria, pues Dios no había autorizado la carne como alimento. Los animales se sacrificaban con el fin de ofrecerlos ante el Señor como expiación.

Después del diluvio la situación era completamente diferente y es cuando se constata la siguiente prohibición con su respectiva justificación:

"Pero carne con su vida, que es su sangre, no comeréis" Génesis 9:4.

La primera simbología que se relaciona con la sangre es la vida y la segunda con la expiación u obtención del perdón, de acuerdo a Levítico 17:11.

"Porque la vida de la carne en la sangre está, y yo os la he dado para hacer expiación sobre el altar por vuestras almas; y la misma sangre hará expiación de la persona" Levítico 17:11.

Así pues, la sangre reúne aspectos simbólicos fundamentales en el plan de salvación, puesto que "...sin derramamiento de sangre no se hace remisión" Hebreos 9:22.

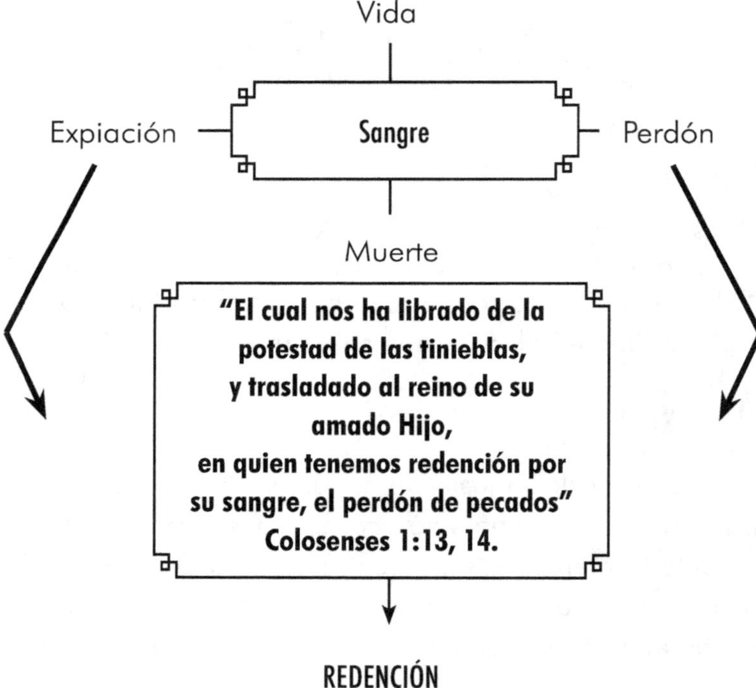

2.2. GRASA

La simbología de la grasa se relaciona estrechamente con la sangre, pues ambos elementos eran fundamentales en el sistema de sacrificios.

"los dos riñones, la grosura que está sobre ellos, y la que está sobre los ijares; y con los riñones quitará la grosura de sobre el hígado. Y el sacerdote hará arder esto sobre el altar; vianda es de ofrenda que se quema en olor grato a Jehová; toda la grosura es de Jehová" Levítico 3:15-16.

La grasa de los animales destinados al sacrificio religioso debía consumirse enteramente sobre el altar, ya que debía quemarse en toda ofrenda pasada por fuego, pues de acuerdo a Levítico 16:25 también tenía valor expiatorio:

"Y quemará en el altar la grosura del sacrificio por el pecado" Levítico 16:25.

La vinculación de la grasa y la sangre se evidencia claramente en la siguiente cita:

"Y el sacerdote esparcirá la sangre sobre el altar de Jehová a la puerta del tabernáculo de reunión, y quemará la grosura en olor grato a Jehová" Levítico 17:6.

Sangre – Rociada en el altar

Grasa – Quemada sobre el altar

2.3. ANIMALES INMUNDOS

La restricción alimentaria relacionada con los animales denominados inmundos, también está acompañada de una serie de elementos simbólicos de gran relevancia.

• Suciedad, contaminación e impureza
"No hagáis abominables vuestras personas con ningún animal que se arrastra, ni os contaminéis con ellos, ni seáis inmundos por ellos. Porque yo soy Jehová vuestro Dios; vosotros por tanto os santificaréis, y seréis santos, porque yo soy santo… Porque yo soy Jehová, que os hago subir de la tierra de Egipto para ser vuestro Dios: seréis, pues, santos, porque yo soy santo… para hacer diferencia entre lo inmundo y lo

limpio, y entre los animales que se pueden comer y los animales que no se pueden comer" Levítico 11:43-47.

El próposito de Dios era que su pueblo fuera santo, pues eran de Dios y así habían sido separados de los demás pueblos y dedicados a su servicio.

"Habéis, pues, de serme santos, porque yo Jehová soy santo, y os he apartado de los pueblos para que seáis míos" Levítico 20:25, 26.

"Ninguna cosa mortecina comeréis... porque tú eres pueblo santo a Jehová tu Dios" Deuteronomio 14:21.

Así pues, la ingesta de animales inmundos implica por parte del sujeto una completa decadencia religiosa, mientras que su rechazo una completa identificación con Dios.

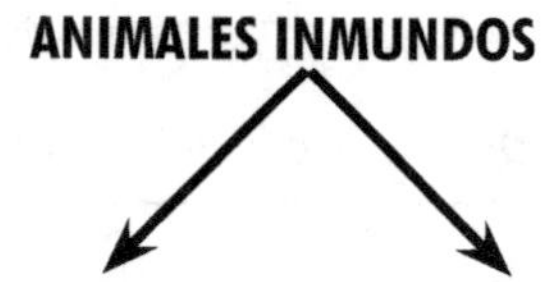

INGESTA	RECHAZO
Impureza	Santidad
Contaminación	Identificación con Dios
Suciedad	Consagración

2.4. ANIMALES LIMPIOS

En la Palabra de Dios se considera pecado comer carnes limpias en circunstancias o momentos de gran relevancia espiritual, como en caso de ayuno, endecha o profunda reflexión.

"Y he aquí gozo y alegría, matando vacas y degollando ovejas, comiendo carne y bebiendo vino, diciendo: Comamos y bebamos, porque mañana moriremos. Esto fue revelado a mis oídos de parte de Jehová de los ejércitos: Que este pecado no os será perdonado hasta que muráis, dice el Señor, Jehová de los ejércitos" Isaías 22:13, 14.

Además, se relaciona con la negación de la doctrina de la resurrección y por lo tanto con la segunda venida de Cristo, pues el apóstol Pablo menciona la cita de Isaías 22:13 con el fin de enfatizar la banalidad de aquellos que pueden entregarse a los goces terrenales, ya que no tienen ninguna esperanza de futuro.

"...Si los muertos no resucitan, comamos y bebamos, porque mañana moriremos" 1 Corintios 15:32.

PROFECÍA

Los últimos versículos del Antiguo Testamento son especialmente interesante si se considera su proyección profética en cuanto a la primera y segunda venida de Cristo y los acontecimientos paralelos relacionados con la iglesia de Dios del tiempo del fin.

"Acordaos de la ley de Moisés mi siervo, al cual encargué en Horeb ordenanzas y leyes para todo Israel. He aquí, yo os envío el profeta Elías, antes que venga el día de Jehová, grande y terrible" Malaquías 4:4, 5.

3.1. Paralelismos

Moisés y Elías son dos personajes claves en la historia del pueblo de Dios y con el fin de entender mejor la razón de su mención se expondrán primeramente, los parelelismos existentes:

Encuentro con Dios

Moisés tuvo un encuentro especial con Dios en el monte Horeb, igual que le sucedería a Elías más tarde y ambos en el mismo lugar actuaron de la misma forma ante la presencia del Señor: cubrieron sus rostros.

"...y llegó hasta Horeb, monte de Dios ... Entonces Moisés cubrió su rostro..." Éxodo 3:1, 6.

"...hasta Horeb, el monte de Dios... hasta Horeb, el monte de Dios. ... Y cuando lo oyó Elías, cubrió su rostro con su manto..." 1 Reyes 19:8, 13.

Ayuno

Las Sagradas Escrituras nos informan acerca de tres personas que ayunaron cuarenta días: Moisés, Elías y Jesús.

Moisés: "Y él estuvo allí con Jehová cuarenta días y cuarenta noches; no comió pan, ni bebió agua; y escribió en tablas las palabras del pacto, los diez mandamientos" Éxodo 34:28.

Elías: "Se levantó, pues, y comió y bebió; y fortalecido con aquella comida caminó cuarenta días y cuarenta noches hasta Horeb, el monte de Dios" 1 Reyes 19:8.

Jesús: "Entonces Jesús fue llevado por el Espíritu al desierto, para ser tentado por el diablo. Y después de haber ayunado cuarenta días y cuarenta noches, tuvo hambre" Mateo 4:1, 2.

Seguidores

Tanto Moisés como Elías, formaron a dos personas más que tuvieron una gran relevancia en la historia del pueblo de Dios: Josué y Eliseo, respectivamente.

Moisés & Josué: "Y hablaba Jehová a Moisés cara a cara, como habla cualquiera a su compañero. Y él volvía al campamento; pero el joven Josué hijo de Nun, su servidor, nunca se apartaba de en medio del tabernáculo" Éxodo 33:11.

Elías & Eliseo: "Y se volvió, y tomó un par de bueyes y los mató, y con el arado de los bueyes coció la carne, y la dio al pueblo para que comiesen. Después se levantó y fue tras Elías, y le servía" 1 Reyes 19:21.

Adoración

Es interesante comparar las 12 columnas de Moisés, erigidas cuando Israel originalmente hizo el pacto con Dios en Horeb y cómo más tarde, Elías tomó 12 piedras y construyó un altar como parte de su esfuerzo por lograr que Israel volviera a la relación del pacto con Dios.

"Y Moisés escribió todas las palabras de Jehová, y levantándose de mañana edificó un altar al pie del monte, y doce columnas, según las doce tribus de Israel" Éxodo 24:4.

"Y tomando Elías doce piedras, conforme al número de las tribus de los hijos de Jacob, ...edificó con las piedras un altar en el nombre de Jehová" 1 Reyes 18: 31, 32.

Insignia

El manto de Elías se había convertido en la insignia de su cargo profético, así como lo era la vara en el llamado divino de Moisés.

Moisés & Vara: "Y Jehová dijo a Moisés: Pasa delante del pueblo, y toma contigo de los ancianos de Israel; y toma también en tu mano tu vara con que golpeaste el río, y ve" Éxodo 17:5.

Elías & Manto: "Tomando entonces Elías su manto, lo dobló, y golpeó las aguas" 2 Reyes 2:8.

Vindicación

Moisés tuvo que luchar con los magos de Egipto y en el monte Carmelo, Elías tuvo que hacer frente a los 450 profetas de Baal.

Moisés: "Vinieron, pues, Moisés y Aarón a Faraón, e hicieron como Jehová lo había mandado. Y echó Aarón su vara delante de Faraón y de sus siervos, y se hizo culebra. Entonces llamó también Faraón sabios y hechiceros, e hicieron también lo mismo los hechiceros de Egipto con sus encantamientos; pues echó cada uno su vara, las cuales se volvieron culebras; mas la vara de Aarón devoró las varas de ellos" Éxodo 7:10-12.

Elías: "Y Elías volvió a decir al pueblo: Sólo yo he quedado profeta de Jehová; mas de los profetas de Baal hay cuatrocientos cincuenta hombres. Entonces Elías les dijo: "Prended a los profetas de Baal, para que no escape ninguno' y ellos los prendieron; y los llevó Elías al arroyo de Cisón, y allí los degolló" 1 Reyes 18:22, 40.

Defensores de la verdad

Tanto Moisés como Elías se encontraron en situaciones similares. Ambos vindicaron la ley de Dios quebrantada por el pueblo en un momento de apostasía y en las cercanías del mismo lugar: Moisés al pie del monte Sinaí y Elías declaró ante el Señor la condición del pueblo en el mismo monte.

Moisés: "Y aconteció que cuando él llegó al campamento, y vio el becerro y las danzas, ardió la ira de Moisés, y arrojó las tablas de sus manos, y las quebró al pie del monte" Éxodo. 32:19.

Elías: "...He sentido un vivo celo por Jehová Dios de los ejércitos; porque los hijos de Israel han dejado tu pacto, han derribado tus altares, y han matado a espada a tus profetas; y sólo yo he quedado, y me buscan para quitarme la vida" 1 Reyes 19:10.

Moradores celestiales

Moisés murió y fue resucitado, mientras que Elías fue trasladado vivo al cielo, donde ambos se encuentran; como representante de los santos resucitados, el primero, y de los que serán trasladados, el segundo (*El Deseado de todas las gentes* p. 390).

Moisés: "Pero cuando el arcángel Miguel contendía con el diablo, disputando con él por el cuerpo de Moisés, no se atrevió a proferir juicio de maldición contra él, sino que dijo: El Señor te reprenda" Judas 9.

Elías: "...he aquí un carro de fuego con caballos de fuego apartó a los dos; y Elías subió al cielo en un torbellino" 2 Reyes 2:11.

Asistentes de Jesús
En ocasión de la transfiguración, Moisés y Elías, animaron y asistieron a Jesús, ya que su padecimiento y muerte se aproximaba.

Moisés & Elías: "Y he aquí dos varones que hablaban con él, los cuales eran Moisés y Elías; quienes aparecieron rodeados de gloria, y hablaban de su partida, que iba Jesús a cumplir en Jerusalén" Lucas 9:30, 31.

Símbolos
Moisés y Elías representan la obra a realizar antes de la segunda venida de Cristo "...el día de Jehová, grande y terrible" Malaquías 4:5.

3.2. Misión

La labor que realizaron Moisés y Elías tiene muchos puntos en común, pero también se caracteriza por peculiaridades que los identifican.

3.2.1. Moisés
En la oración de Esdras se resaltan momentos especiales de la historia de Israel en el desierto y se destacan ciertos elementos distintivos relacionados con Moisés:

- **Rememoración del sábado**
- **Impartición escrita de los Diez Mandamientos**
- **Alimentación: maná**

"Y sobre el monte de Sinaí descendiste, y hablaste con

ellos desde el cielo, y les diste juicios rectos, leyes verdaderas, y estatutos y mandamientos buenos, y les or-
denaste el día de reposo[a] santo para ti, y por mano de
Moisés tu siervo les prescribiste mandamientos, estatutos y la ley. Les diste pan del cielo en su hambre, y en su
sed les sacaste aguas de la peña..." Nehemías 9:13-15.
Los puntos mencionados en la cita bíblica pueden resumirse
en dos: la Ley de Dios y la Reforma Pro-Salud. El primero
resaltado especialmente por la observancia del sábado y el
segundo por el vegetarianismo.

3.2.2. Elías

El profeta Elías reúne una serie de características que le hacen
peculiar, las cuales resalta especialmente el apóstol Pablo:

- **Restaurador del verdadero culto a Dios**
- **Perseguido a causa de la verdad**
- **Residuo fiel**

"No ha desechado Dios a su pueblo, al cual desde antes
conoció. ¿O no sabéis qué dice de Elías la Escritura, cómo
invoca a Dios contra Israel, diciendo: Señor, a tus profetas
han dado muerte, y tus altares han derribado; y sólo yo he
quedado, y procuran matarme?. Pero ¿qué le dice la divina
respuesta? Me he reservado siete mil hombres, que no han
doblado la rodilla delante de Baal. Así también aun en este
tiempo ha quedado un remanente escogido por gracia" Romanos 11:2-5.

Los puntos mencionados en la cita bíblica pueden resumirse
en dos: reforma y remanente. El primero resaltado especialmente por la restauración de la adoración divina de acuerdo
a la ley que había sido quebrantada, y el segundo, como
consecuencia de la reforma, trae como resultado un peque-
ño grupo de fieles entre la apostasía general.

3.3. Conclusión

"Acordaos... de Moisés"	"Mirad... al profeta Elías"
Entrega de la ley (1) "Y dio a Moisés, cuando acabó de hablar con él en el monte de Sinaí, dos tablas del testimonio, tablas de piedra escritas con el dedo de Dios" Éxodo 31:18	**Vindicación de la ley** "han dejado tu pacto" 1 Reyes 19:10
Eliminación de la apostasía "Y tomó el becerro que habían hecho, y lo quemó en el fuego" Éxodo 32:20	**Vindicación de la adoración debida a Dios** "han derribado tus altares" 1 Reyes 19:10
Eliminación de los apóstatas "Pasad y volved de puerta a puerta por el campamento, y matad cada uno a su hermano, y a su amigo, y a su pariente" Éxodo 32:27	**Vindicación de los mártires y del Espíritu de Profecía** "han matado a tus profetas" 1 Reyes 19:10
Arrepentimiento "vistieron luto" Éxodo 33:4	**Reforma** "Y hará que muchos de los hijos de Israel se conviertan al Señor Dios de ellos" Lucas 1:16

Entrega de la ley (2)	Vindicación divina
" escribiré sobre esas tablas las palabras que estaban en las tablas primeras" Éxodo 34:1	"un remanente escogido por gracia" Romanos 11:5
Acción divina "Haré maravillas que no han sido hechas en toda la tierra, ni en nación alguna, y verá todo el pueblo en medio del cual estás tú, la obra de Jehová; porque será cosa tremenda la que yo haré contigo" Éxodo 34:10	**Acción divina** "E irá delante de él con el espíritu y el poder de Elías, para hacer volver los corazones de los padres a los hijos, y de los rebeldes a la prudencia de los justos" Lucas 1:16, 17
Objetivo divino "Guarda lo que yo te mando hoy" Éxodo 34:11	**Objetivo divino** "para preparar al Señor un pueblo bien dispuesto" Lucas 1:17

Mientras que Moisés recibió la tarea de educar a un pueblo que a causa de la esclavitud había perdido en gran medida el conocimiento de la verdad, Elías debía apelar a ese mismo pueblo a abandonar su apostasía y restaurar la verdad que había rechazado, demolido y perseguido.

Aunque murieron aquellos apóstatas que no se arrepintieron de la adoración al becerro en el Sinaí, el pueblo se arrepintió y Dios renovó el pacto que habían quebrantado. Sin embargo, después de la impresionante revelación divina y el ruinoso fracaso de los profetas de Baal en el Carmelo, el pueblo no se arrepintió y sólo se contaba con un grupo de fieles.

• Alimentación

Israel recibió maná antes de llegar al Sinaí, del mismo modo que Elías fue alimentado con pan del cielo antes de llegar al Sinaí y como lo serán, también, los salvados:

"Acordaos ... de Moisés"	"Mirad, ... al profeta Elías"
...Es el pan que Jehová os da para comer" Éxodo 16:15	"... un ángel le tocó, y le dijo: Levántate, come. Entonces él miró, y he aquí a su cabecera una torta cocida sobre las ascuas, y una vasija de agua; y comió y bebió..." 1 Reyes 19:5, 6
"Al que venza"	
"daré a comer del maná escondido" Apocalipsis 2:17	

• Advenimiento

La esperanza adventista se fundamenta en la firme certeza de la segunda venida de Cristo y el encuentro ansiado con el amado Salvador.

Segunda venida de Cristo	
"...el Señor mismo con voz de mando, con voz de arcángel, y con trompeta de Dios..." 1 Tesalonicenses 4:16	
"Acordaos ... de Moisés"	**"Mirad, ... al profeta Elías"**
"...los muertos en Cristo resucitarán primero" 1 Tesalonicenses 4:16	"...los que vivimos, los que hayamos quedado, seremos arrebatados juntamente con ellos en las nubes para recibir al Señor en el aire" 1 Tesalonicenses 4:17

ESPIRITUALIDAD

La Biblia establece diferentes niveles de relación entre el aspecto animal y espiritual en el ser humano.

• Concepción

En cuanto a la concepción del ser humano, las Sagradas Escrituras presentan un paralelismo simbólico muy interesante entre la carne y el espíritu.

Concepción humana	Concepción divina
"...sangre ...	"... agua ...
voluntad de carne ...	Espíritu..." Juan 3:5
voluntad de varón..." Juan 1:13	"...de Dios" Juan 1:13
"...simiente corruptible" 1 Pedro 1:23	"...incorruptible" 1 Pedro 1:23

La concepción humana se presenta con elementos negativos como: carnalidad y corruptibilidad, mientras que la divina se caracteriza por su espiritualidad e incorruptibilidad, como variables positivas.

• Desarrollo

El ser humano en su condición natural, pecaminosa y carnal se encuentra en oposición a todo lo espiritual y santo, lo cual se describe en Romanos 8:3-9.

"Porque lo que era imposible a la Ley, por cuanto era débil por la carne; Dios, al enviar a su propio Hijo en semejanza de carne de pecado, y como sacrificio por el pecado, condenó al pecado en la carne, para que la justicia que quiere la Ley se cumpla en nosotros, que no andamos conforme a la carne, sino conforme al Espíritu.

Porque los que viven según la carne, piensan en los deseos de la carne. Pero los que viven según el Espíritu, piensan en los deseos del Espíritu. Porque la inclinación de la carne es muerte, pero la inclinación del Espíritu es vida y paz. Porque la inclinación de la carne es contraria a Dios, y no se sujeta a la Ley de Dios, ni tampoco puede. Así, los que viven según la carne no pueden agradar a Dios. Pero vosotros no vivís según la carne, sino según el Espíritu, si es que el Espíritu de Dios habita en vosotros. El que no tiene el Espíritu de Cristo, no es de él" Romanos 8:3-9.

HOMBRE CARNAL o NATURAL	HOMBRE ESPIRITUAL o CONVERTIDO
"vivir según la carne"	"vivir según el Espíritu"
"deseos de la carne"	"deseos del Espíritu"
"la carne en contra de Dios"	"el Espíritu es de Dios"
"la carne desagrada a Dios"	"el Espíritu está con Dios"
Carne = Muerte	**Espíritu = Vida**

Los rasgos que identifican al ser humano en su forma natural o carnal, se describen claramente en Gálatas 5:19-21 "Y manifiestas son las obras de la carne, que son: adulterio, fornicación, inmundicia, lascivia, idolatría, hechicerías, enemistades, pleitos, celos, iras, contiendas, disensiones, herejías, envidias, homicidios, borracheras, orgías, y cosas semejantes a estas; acerca de las cuales os amonesto, como ya os lo he dicho antes, que los que practican tales cosas no heredarán el reino de Dios". Las cuales se encuentran en abierta oposición a los rasgos identificativos del ser humano transformado: "Mas el fruto del Espíritu es amor, gozo, paz, paciencia, benignidad, bondad, fe, mansedumbre, templanza…" Gálatas 5:22-23.

Si se comparan las diferentes características se comprende mucho más este tema:

Obras de la Carne	Obras del Espíritu
Adulterio Fornicación Inmundicia	Amor y Gozo
Borracheras Banqueteos Disolución	Templanza
Enemistad Pleitos Contiendas	Benignidad Paz
Iras Celos Envidias	Tolerancia Bondad
Idolatría Hechicerías Herejías	Fe
Disensiones Homicidios	Mansedumbre

Después de exponer las características del hombre carnal en contraposición al espiritual se comprueba que todo aquello que no es bueno en el ser humano se identifica con la carne o lo carnal, mientras que los rasgos distintivos de Dios son todo lo bueno y espiritual.

De acuerdo a la siguiente declaración bíblica es imposible la cambinación: carne y espíritu o carnalidad y espiritualidad en la misma persona, ya que son contradictorias y se encuentrasn enemistadas.

"Digo, pues: Andad en el Espíritu, y no satisfagáis los deseos de la carne. Porque el deseo de la carne es contra el Espíritu, y el del Espíritu es contra la carne; y éstos se oponen entre sí ..." Gálatas 5:16, 17.

Ya que la combinación no es posible, sólo puede aplicarse la eliminación. Es decir, el ser humano carnal o natural debe ser substituído por el espiritual o celestial, también llamado el 'segundo hombre'.

"Se siembra cuerpo animal, resucitará cuerpo espiritual. Hay cuerpo animal, y hay cuerpo espiritual. Mas lo espiritual no es primero, sino lo animal; luego lo espiritual. El primer hombre es de la tierra, terrenal; el segundo hombre, que es el Señor, es del cielo" 1 Corintios 15:44-47.

ESPÍRITU DE PROFECÍA

Los escritos inpirados de la hna. E.G. White confirman los mensajes bíblicos acerca de la alimentación. Las páginas de los Testimonios dedicadas a este tema son muchas y por ello recomendamos su lectura en los libros que se recomiendan a continuación: Consejos sobre el régimen alimenticio, Consejos sobre la salud y Ministerio de curación. Sin embargo, se analizará en detalle el manuscrito leído en la presencia de los delegados al Congreso de la Asociación General, en Washington, D.C., el 31 de mayo de 1909, pues este mensaje ha sido utilizado como prueba, para no establecer el régimen vegetariano como un requisito a cumplir por los candidatos al bautismo, aunque será interesante comprobar que en su contexto cuestiona este argumento.

5.1. Reforma pro salud

El mensaje dirigido a la delegación de la Asociación General en el año 1909 se encuentra editado en inglés en *Testimonies*, tomo 9, págs. 153-166 y la traducción en castellano se compone de *Joyas de los Testimonios*, tomo 3, págs. 355-366 y *Testimonios selectos*, tomo 5 págs. 230-242 y parcialmente en *Conflicto de los siglos*, págs. 126-139 y *Consejos Sobre el régimen alimenticio*, págs. 483-486.

El tema que se presenta en las próximas líneas es una censura al incumplimiento de los principios de la Reforma Pro-Salud, así como una apelación y ruego a la puesta en práctica de los mismos.

El texto se encuentra dividido en diferentes secciones, cuyo punto central es la necesidad de aplicar en la vida diaria de todo adventista los requerimientos divinos acerca de una alimentación saludable, considerando los ministros, obreros, instituciones, jóvenes, padres y niños.

"Estoy encargada de dar a nuestra iglesia entera un mensaje tocante a la reforma pro salud; porque muchos han dejado de ser fieles a sus principios".

- **Tema**
  Reforma pro salud

- **Razón**
  Abandono general de los principios

- **Objetivo**
  Perfección en Cristo

- **Práctica**
  Régimen alimentario sencillo

El propósito de Dios para con sus hijos es que éstos alcancen la medida de la estatura de hombres y mujeres perfectos en Cristo Jesús. Para ello, deben hacer uso conveniente de todas las facultades de la mente, el alma y el cuerpo. No pueden derrochar ninguna de sus energías mentales o físicas.

El asunto de la conservación de la salud tiene una importancia capital. Al estudiar esta cuestión en el temor de Dios, aprenderemos que, para nuestro mejor desarrollo físico y espiritual, conviene que nos atengamos a un régimen alimentario sencillo. Estudiemos con paciencia esta cuestión. Para obrar atinadamente en este sentido, necesitamos conocimientos y discernimiento. Las leyes de la naturaleza existen, no para ser resistidas, sino acatadas.

Responsabilidad personal

Los que han recibido instrucciones acerca de los peligros del consumo de carne, té, café y alimentos demasiado condimentados o malsanos, y quieran hacer con Dios un pacto con sacrificio, no continuarán satisfaciendo sus apetitos con alimentos que saben son malsanos. Dios pide que los apetitos sean purificados y que se renuncie a las cosas que no son buenas. Esta obra debe ser hecha antes que su pueblo pueda estar delante de él como un pueblo perfecto.

- **Alimentos malsanos:**
  Carne, etc.

- **Solicitud divina:**
  Renuncia

- **Condición divina:**
  Cumplimiento de la solicitud para poder ser un pueblo perfecto

- **Requisito divino:**
  Remanente convertido

- **Efecto:**
  Progresión

- **Consecuencias:**
  Conversión y Santificación

El pueblo remanente de Dios debe ser un pueblo convertido. La presentación de este mensaje debe tener por resultado la conversión y santificación de las almas. El poder del Espíritu de Dios debe hacerse sentir en este movimiento. Poseemos un mensaje maravilloso y precioso; tiene una importancia capital para quien lo recibe, y debe ser proclamado con fuerte voz. Debemos creer con una fe firme y permanente que este mensaje irá cobrando siempre mayor importancia hasta la consumación de los tiempos.

Algunos profesos cristianos aceptan ciertas porciones de los Testimonios como un mensaje de Dios, pero rechazan las que condenan sus costumbres favoritas. Tales personas trabajan para su mengua y la de la iglesia. Es de todo punto esencial que andemos en la luz mientras la tenemos. Los que diciendo creer en la reforma pro salud, niegan sus principios en la vida diaria, causan perjuicio a su alma y producen una impresión desfavorable en la mente de los creyentes y de los no creyentes.

Fortalecidos por la obediencia

Una solemne responsabilidad descansa sobre los que tienen conocimiento de la verdad: la de velar para que sus obras correspondan a su fe, que su vida sea refinada y santificada, y que sean preparados para la obra que debe cumplirse rápidamente en el curso de estos últimos días del mensaje. No tienen ni tiempo ni fuerzas que gastar en la satisfacción de sus apetitos. Estas palabras debieran repercutir con fuerza ahora en nuestros oídos: "Así que, arrepentíos y convertíos, para que sean borrados vuestros pecados; para que vengan de la presencia del Señor tiempos de refrigerio" (Hechos 3:19). A muchos de los nuestros les falta espiritualidad y se perderán a menos que se conviertan completamente. ¿Queréis arriesgaros a ello?

Muchos se privan de las ricas bendiciones de Dios por su orgullo y falta de fe. A menos que humillen sus corazones ante el Señor, muchos serán sorprendidos y chasqueados cuando resuene el grito: "He aquí, el esposo viene" (Mateo 25:6). Conocen la teoría de la verdad, mas no tienen aceite en sus vasos para sus lámparas. En este tiempo, nuestra fe no debe limitarse a un simple asentimiento, a una simple adhesión al mensaje del tercer ángel. Necesitamos el aceite de la gracia de Cristo para alimentar nuestras lámparas, hacer brillar la luz de la vida e indicar el camino a los que están en tinieblas.

- **Apelación**
  - Practicar la verdad
  - Arrepentimiento
  - Conversión
- **Pérdida**
  - Bendiciones
  - Gracia de Cristo
  - Religión saludable
- **Solución**
  - Nuevo nacimiento
- **Consecuencia**
  - Participación en la naturaleza divina

Si no queremos tener una vida religiosa enfermiza, debemos, sin tardanza y con celo, trabajar para nuestra salvación con temor y temblor. Muchos no son en manera alguna fieles a sus votos bautismales. Su celo se ha enfriado por el formalismo, los deseos mundanales, el orgullo y el egoísmo. Algunas veces están emocionados; pero no caen sobre la Roca,

Cristo Jesús. No vienen a Dios con corazones quebrantados por el arrepentimiento y la confesión. Aquellos en quienes se produce una verdadera conversión manifestarán los frutos del Espíritu en su vida. Pluguiese a Dios que aquellos que tienen tan poca vida espiritual comprendieran que la vida eterna no puede otorgarse sino a quienes han llegado a ser participantes de la naturaleza divina, y han huído de la corrupción que reina en el mundo por la concupiscencia.

Sólo el poder de Cristo puede obrar, en el corazón y la mente, la transformación que deben experimentar todos los que quieran participar con él de la nueva vida, en el reino de los cielos. "...El que no naciere de nuevo, no puede ver el reino de Dios" (Juan 3:3). La religión proveniente de Dios es la única que nos puede conducir a él. Para servirle convenientemente, es necesario haber nacido del Espíritu divino.

- **Súplica**
  - Eliminación de la carne

- **Prohibición de servir carne**
  - Escuelas adventistas

- **Apelación**
  - Padres e hijos

  - Ancianos y jóvenes

  - Dirigentes y maestros

- **Renuncia**
  - Ingesta de carne

Entonces seremos inducidos a velar. Nuestros corazones serán purificados, nuestras mentes renovadas, y recibiremos nuevas aptitudes para conocer y amar a Dios.

Obedeceremos espontáneamente a todos sus requerimientos. En eso consiste el culto verdadero.

Dios exige que su pueblo progrese constantemente. Debemos aprender que la satisfacción de nuestros apetitos es el mayor obstáculo que se oponga a nuestro progreso intelectual y a la santificación del alma. No obstante todo lo que profesamos en lo que concierne a la reforma pro salud, algunos de entre nosotros se alimentan mal. El halago de los apetitos es la causa principal de la debilidad física y mental, del agotamiento y de las muertes prematuras. Toda persona que busca la pureza de la mente debe recordar que en Cristo hay un poder capaz de dominar los apetitos.

Alimentos a base de carne

Si pudiese beneficiamos el satisfacer nuestro deseo de comer carne, no os dirigiría esta súplica; pero sé que ello es imposible. Los alimentos preparados a base de carne perjudican a la salud física, y debemos aprender a vivir sin ellos. Los que están en situación de poder seguir un régimen vegetariano, pero prefieren seguir sus propias inclinaciones en este asunto, comiendo y bebiendo como quieren, irán descuidando gradualmente la instrucción que el Señor ha dado tocante a otras fases de la verdad presente, perderán su percepción de lo que es verdad y segarán con toda seguridad lo que hayan sembrado.

Se me ha mostrado que no debe servirse a los alumnos de nuestros colegios carne ni otros productos reconocidos como dañinos para la salud. Ninguna cosa que pudiera hacer apetecer estimulantes debe ser colocada sobre la mesa. Al decirlo, me dirijo tanto a los jóvenes como a los adultos y a los ancianos. Absteneos de las cosas que puedan dañaros. Servid al Señor con sacrificio.

Los niños deben participar con inteligencia en esta obra. Todos somos miembros de la familia del Señor; y él quiere que sus hijos, ancianos y jóvenes resuelvan sacrificar sus apetitos y economizar el dinero necesario para construir capillas y sostener a los misioneros.

Estoy comisionada para decir a los padres: Colocaos enteramente, alma y espíritu, del lado del Señor en este asunto. Debemos recordar en estos días de prueba que estamos en juicio delante del Señor del universo. ¿No renunciaréis a las costumbres que os causan daño? Las palabras valen poco; mostrad por vuestros actos de abnegación que queréis obedecer a las órdenes que el Señor da a su pueblo peculiar. Luego, colocad en la tesorería una parte del dinero economizado por medio de vuestro renunciamiento, y habrá recursos para proseguir la obra de Dios.

Algunos piensan que no pueden vivir sin comer carne; pero si quisieran ponerse de parte del Señor, decididos a andar resueltamente en la senda en que él nos ha guiado, recibirían fuerza y sabiduría como Daniel y sus compañeros. Dios les daría entendimiento sano. Muchos se sorprenderían al ver cuánto podrían economizar para la causa de Dios mediante actos de renunciamiento.

• Razones de renuncia a la carne

- Orden divina

- Vida en armonía con la luz dada

- Armonía con los mandamientos de Dios

- Cuerpo y mente sanos

- Economía

- Diferenciación del mundo

- Tiempo del fin

Las sumitas ahorradas por actos de sacrificio contribuirán más para edificar la causa de Dios que las donaciones cuantiosas que no son el fruto de la abnegación.

Los adventistas del séptimo día transmiten verdades trascendentales. Hace más de cuarenta años que el Señor nos dio luces especiales sobre la reforma pro salud; pero, ¿cómo seguimos en esa luz?

¡Cuántos hay que han rehusado poner su vida en armonía con los consejos de Dios! Como pueblo, debiéramos realizar progresos proporcionales a la luz que hemos recibido. Es deber nuestro comprender y respetar los principios de la reforma pro salud. En el asunto de la temperancia, deberíamos dejar muy atrás a todos los demás; sin embargo, hay en nuestras iglesias miembros a quienes las instrucciones no han faltado, y hasta predicadores, que demuestran poco respeto por la luz que Dios nos ha dado tocante a este asunto. Comen según sus gustos y trabajan como mejor les parece.

Colóquense los maestros y directores de nuestra obra firmemente sobre el terreno bíblico en lo que se refiere a la reforma pro salud, y den un testimonio definido a los que creen que vivimos en los últimos tiempos de la historia de este mundo. Debe haber una línea de separación entre los que sirven a Dios y los que se complacen a sí mismos.

Se me ha mostrado que los principios que nos fueron dados en los primeros días de este mensaje no han perdido su importancia y debemos tenerlos en cuenta tan concienzudamente como entonces. Hay algunos que jamás han seguido la luz dada en cuanto al régimen. Ya es tiempo de sacar la luz de debajo del almud para que resplandezca con toda su fuerza.

Los principios del sano vivir tienen una gran importancia para nosotros como individuos y como pueblo. Cuando me llegó el mensaje de la reforma pro salud, yo era débil y predispuesta a frecuentes desmayos. Suplicaba al Señor que me ayudara, y él me presentó el vasto plan de la reforma pro salud. Me mostró que los que guardan sus mandamientos deben entrar en una relación sagrada con él y, por la temperancia en el comer y el beber, guardar su mente y su cuerpo en las condiciones más favorables para servirle. Esta luz fue una gran bendición para mí. Me decidí en favor de la reforma pro salud sabiendo que el Señor me fortificaría. Actualmente, no obstante mi edad, gozo de mejor salud que cuando era joven.

Algunos aseveran que no he seguido los principios de la reforma pro salud conforme los ha preconizado mi pluma; pero puedo afirmar que he practicado fielmente dicha reforma. Los miembros de mi familia saben que ello es verdad.

"Todo para la gloria de Dios"

No prescribimos un régimen definido, pero decimos que en los países donde abundan las frutas, los cereales y las nueces, la carne no es el alimento adecuado para el pueblo de Dios. Se me ha indicado que la carne propende a animalizar la naturaleza, a despojar a los hombres y mujeres del amor y la simpatía que debieran sentir por cada cual, y hace predominar las pasiones bajas sobre las facultades más elevadas del ser. Si el comer carne fue alguna vez saludable, no lo es ahora. Los cánceres y tumores y las enfermedades pulmonares se deben mayormente a la costumbre de comer carne.

No hacemos del consumo de la carne una condición para la admisión de los miembros; pero debiéramos considerar la influencia que ejercen sobre otros los creyentes profesos que usan carne. Como mensajeros de Dios, ¿no diremos al pueblo: "Si, pues, coméis o bebéis, o hacéis otra cosa, hacedlo todo para la gloria de Dios"? (1 Corintios 10:31) ¿No daremos un testimonio decidido contra la complacencia del apetito pervertido? ¿Quiere cualquiera de los que son ministros del Evangelio y que proclaman la verdad más solemne que haya sido dada a los mortales, dar el ejemplo de volver a las ollas de Egipto? ¿Quieren los que son sostenidos por el diezmo de la tesorería de Dios permitir que la gula envenene la corriente vital que fluye por sus venas? ¿Harán caso omiso de la luz y las amonestaciones que Dios les ha dado?

- **Principio**
"la carne no es el alimento adecuado para el pueblo de Dios"

- **Consideración**
  - Práctica del principio:
  Existencia de frutas, verduras, etc.

- **Reconsideración**

  - Miembros de iglesia
  - Ministros
  - Familias no vegetarianas
- **Apelación**
  - Renuncia a la carne

La salud del cuerpo debe considerarse como esencial para el crecimiento en la gracia y la adquisición de un carácter templado. Si no se cuida debidamente el estómago, será trabada la formación de un carácter moral íntegro. El cerebro y los nervios están en relación íntima con el estómago.

De los errores practicados en el comer y beber resultan pensamientos y hechos erróneos.

Todos somos probados en este tiempo. Hemos sido bautizados en Cristo; y si estamos dispuestos a separarnos de todo aquello que tienda a degradarnos y a hacernos lo que no debemos ser, recibiremos fuerza para crecer en Cristo, nuestra cabeza viviente, y veremos la salvación de Dios.

Sólo cuando demostremos ser inteligentes tocante a los principios de una vida sana, podremos discernir los males que resultan de un régimen alimentarlo impropio. Aquellos que, habiéndose impuesto de sus errores, tengan el valor de modificar sus costumbres, encontrarán que la reforma exige luchas y mucha perseverancia. Pero una vez que hayan adquirido gustos sanos, verán que el consumo de la carne, en el que antes no veían mal alguno, preparaba lenta pero seguramente la dispepsia y otras enfermedades.

Padres y madres, orad y velad. Guardaos mucho de la intemperancia en cualesquiera de sus formas. Enseñad a vuestros hijos los principios de una verdadera reforma pro salud. Enseñadles lo que deben evitar para conservar la salud. La ira de Dios ha comenzado ya a caer sobre los rebeldes. ¡Cuántos crímenes, cuántos pecados y prácticas inicuas se manifiestan por todas partes! Como denominación, debemos preservar con cuidado a nuestros hijos de toda compañía depravada.

Enseñemos los principios de la salud

Deben hacerse más esfuerzos para enseñar a la gente los principios de la reforma pro salud. Deberían instituirse clases culinarias para dar a las familias instrucciones tocante al arte de preparar alimentos sanos. Las personas jóvenes y las de edad adulta deberían aprender a cocinar con más sencillez. En todo lugar donde la verdad sea presentada, debe enseñarse a la gente a preparar alimentos de un modo sencillo a la vez que apetitoso. Debe demostrársele que un régimen nutritivo puede ser alcanzado sin hacer uso de la carne.

Enseñad a la gente que más vale prevenir que curar. Nuestros médicos, como sabios educadores, deberían prevenir a cada uno contra la satisfacción de apetitos desordenados y mostrar que el único medio de evitar la ruina del cuerpo y de la mente consiste en abstenerse de las cosas que Dios prohibió.

Se requiere mucho tacto y juicio para ordenar un régimen nutritivo destinado a reemplazar el que seguían antes las personas que aprenden a seguir la reforma pro salud. Se necesita fe en Dios, una voluntad firme y el deseo de ser útiles. Un régimen deficiente arroja descrédito sobre la reforma pro salud. Somos mortales, y debemos proveer a nuestros cuerpos una alimentación fortificante.

- **Propuestas educativas**
  - Clases culinarias
  - Régimen sustitutivo
- **Propuestas sanitarias**
  - Educación
  - Prevención
- **Razón**
  - Prohibición divina de comer carne

Los extremismos en la alimentación

Algunos de nuestros miembros se abstienen concienzudamente de alimentos que no son higiénicos, pero no suministran a su organismo los elementos que necesita para sustentarse.

Los que llevan al extremo la reforma pro salud corren el riesgo de preparar alimentos insípidos y que no satisfagan. Los alimentos deben ser preparados de modo que sean apetitosos y nutritivos. No debe despojárselos de lo que nuestro organismo necesita. Yo hago uso de un poco de sal y siempre lo he hecho, porque la sal, lejos de ser nociva, es indispensable para la sangre. Las legumbres debieran hacerse más agradables aderezándolas con un poco de leche o crema, o su equivalente.

Si bien se han dado advertencias con relación a los peligros de enfermedad que derivan de la mantequilla y al mal que ocasiona el uso copioso de huevos por parte de las criaturas, no debe considerarse como violación de nuestros principios el consumo de huevos provenientes de gallinas bien cuidadas y convenientemente alimentadas. Los huevos contienen ciertos principios que obran eficazmente contra determinados venenos.

Algunos, al abstenerse de leche, huevos y mantequilla, no proveyeron a su cuerpo una alimentación adecuada y como consecuencia se han debilitado e incapacitado para el trabajo. De esta manera, la reforma pro salud ha sido desacreditada. La obra que nos hemos esforzado por levantar sólidamente se confunde con las extravagancias que Dios no ha ordenado, y las energías de la iglesia se ven estorbadas. Pero Dios intervendrá para contrarrestar los resultados de ideas tan extremistas.

El propósito del Evangelio es reconciliar a la raza pecaminosa. Debe llevar a pobres y ricos a los pies de Jesús.

Llegará el tiempo cuando tal vez tengamos que dejar algunos de los alimentos que usamos ahora, como la leche, la crema y los huevos; pero no necesitamos crearnos dificultades por restricciones prematuras y exageradas. Esperemos que las circunstancias lo exijan y que el Señor prepare el camino.

Los que quieran proclamar con éxito los principios de la reforma pro salud deben tomar la Palabra de Dios como su guía y consejera. Sólo procediendo así podrán ocupar una posición ventajosa. No contrarrestemos la reforma pro salud al no reemplazar por manjares sanos y agradables los alimentos nocivos que hemos abandonado. En manera alguna debe fomentarse el uso de estimulantes. Comamos solamente alimentos sencillos y sanos, y demos gracias a Dios constantemente por los principios de la reforma pro salud. Seamos fieles e íntegros en todas las cosas y alcanzaremos preciosas victorias.

Diferentes regímenes en diferentes países

Mientras combatimos la glotonería y la intemperancia, debemos tener en cuenta las condiciones a las que la familia humana está sujeta. Dios ha suplido las necesidades de los que viven en las diferentes partes del mundo. Los que quieran colaborar con Dios deben reflexionar con cuidado antes de especificar qué alimentos deben consumirse o dejarse a un lado. Es necesario tratar con las poblaciones. Si la reforma pro salud se enseñara en su forma extremada a los que no pueden adoptarla por las circunstancias especiales en que se encuentran, de ello resultaría más mal que bien. Se me ha encargado que mientras predico el Evangelio a los pobres les aconseje que coman lo que es más nutritivo. No puedo decirles: "No debéis comer huevos ni leche ni crema, no debéis usar mantequilla al preparar vuestros alimentos." El Evangelio debe ser predicado a los pobres, pero todavía no ha llegado el momento de prescribir el régimen más estricto.

Palabra a los vacilantes

Los predicadores que se sienten libres para satisfacer sus apetitos están lejos del ideal. Dios quiere que practiquen la reforma pro salud. Quiere que adapten su vida a la luz que nos dio a este respecto. Me entristece ver que aquellos que debieran ser celosos por los principios de la salud no han aceptado todavía la manera correcta de vivir. Ruego a Dios que les haga comprender que están sufriendo una gran pérdida. Si las cosas fuesen lo que debieran ser entre las familias que componen la iglesia, podríamos duplicar nuestro trabajo en favor del Señor. Para obtener y conservar la pureza, los adventistas del séptimo día deben tener el Espíritu Santo en sus corazones y en sus familias. El Señor me ha mostrado que cuando el Israel de hoy se humille delante de él y quite toda inmundicia del templo de su alma, Dios escuchará sus oraciones en favor de los enfermos y dará eficacia a los remedios empleados contra la enfermedad. Cuando el agente humano haga con fe cuanto pueda para combatir la enfermedad por los sencillos métodos de tratamiento que Dios indicó, el Señor bendecirá estos esfuerzos.

Condiciones para la respuesta a las oraciones

Si después de haberle sido dada tanta luz, el pueblo de Dios continúa fomentando sus malas costumbres y sigue complaciendo sus apetitos en oposición a la reforma, sufrirá las consecuencias inevitables de la transgresión. Dios no salvará milagrosamente de las consecuencias de sus faltas a aquellos que están resueltos a satisfacer a toda costa su apetito pervertido. Les advirtió: "En dolor seréis sepultados" (Isaías 50:11).

Los presuntuosos que dicen: "El Señor me ha sanado; no tengo necesidad de restringir mi alimentación; puedo comer y beber según me plazca," necesitarán muy pronto, en su cuerpo y en su alma, el poder sanador de Dios. El hecho de que el Señor os haya curado misericordiosamente no es una razón para pensar que podéis seguir las prácticas del mundo. Obedeced a la orden que Cristo daba después de sus curaciones: "Vete, y no peques más" (Juan 8:11). El apetito no debe ser vuestro dios.

El Señor prometió al antiguo Israel que lo preservaría de todas las enfermedades con que había afligido a los egipcios, si tan sólo quería permanecer en él y hacer todo lo que le exigiera; pero su promesa tenía la obediencia por condición. Si los israelitas hubiesen seguido las instrucciones dadas y sacado provecho de sus ventajas, hubiesen llegado a ser una lección objetiva para el mundo, por su salud y su prosperidad. Los israelitas no realizaron el propósito divino y perdieron así las bendiciones que les eran reservadas. Sin embargo, en José y en Daniel, en Moisés y en Elías, como en otros muchos casos, tenemos nobles ejemplos de los resultados que pueden obtenerse viviendo conforme c las verdaderas normas. La misma fidelidad producirá hoy día los mismos resultados. A nosotros se aplican estas palabras: "Mas vosotros sois linaje escogido, real sacerdocio, nación santa, pueblo adquirido por Dios, para que anunciéis las virtudes de aquel que os llamó de las tinieblas a su luz admirable" (1 Pedro 2:9).

Renunciamiento y descanso

¡Cuán numerosos son los que se privan de las ricas bendiciones que Dios les reservaba en lo que se refiere a la salud y los dones espirituales! Muchas almas hay que luchan por alcanzar grandes victorias y bendiciones especiales para poder cumplir grandes hechos. Para alcanzar su propósito, creen que es necesario agotarse en oraciones y lágrimas. Cuando esas personas escudriñen las Escrituras con oración, para conocer la expresa voluntad de Dios, y luego la cumplan de todo corazón y sin ninguna reserva o complacencia propia, entonces hallarán descanso. Sus angustias, sus lágrimas y sus luchas no les procurarán el descanso que anhelan. Ellas deben hacer la entrega completa de su personalidad. Deben hacer lo que les venga a mano, apropiándose la abundante gracia que Dios promete a los que oran con fe.

"Y decía a todos: Si alguno quiere venir en pos de mí, niéguese a sí mismo, tome su cruz cada día, y sígame" (Lucas 9:23). Sigamos al Salvador en su sencillez y abnegación. Exaltemos al Hombre del Calvario por la palabra y por una vida santa. El Señor se allega muy cerca de aquellos que se consagran a él. Si hubo tiempo cuando fue necesario que el Espíritu de Dios obrase en nuestro corazón y en nuestra vida, es ahora. Aferrémonos a esta divina potencia para vivir una vida de santidad y abnegación" *Joyas de los Testimonios*, tomo 3, págs. 355- 366.

BIBLIOGRAFÍA

E. G. White, Testimonies (T)

- *Review and Herald* (RH)

- *Healthful Living* (HL)

- *Christian Temperance and Bible Hygiene* (ChT)

- *Joyas de los Testimonios* (JT)

- *Evangelismo* (Ev)

- *Consejos sobre la salud* (CS)

- *Consejos sobre el régimen alimenticio* (CSRA)

- *El Deseado de todas las gentes* (DTG)

- *El Ministerio de curación* (MC)

- *Testimonios selectos* (TS)

- *Carta* (C)

- *Manuscrito* (M)

- A. Gerard, *Diccionario de la Biblia,* Grupo Anaya, S.A., Madrid 1995

- Ch. Pfeiffer, *Diccionario bíblico arqueológico*, Editorial Mundo Hispano, Barcelona 1982

- F. H. Wight, *Usos y Costumbres de las Tierras Bíblicas*, México 1952

- *Lexikon zur Bibel*, Brockhaus Verlag-Wuppertal, Lahr 1960

- *Enciclopedia Salvat*, Salvat Editores, S.A., Barcelona 1978

- *Diccionario de la Santa Biblia*, Editorial Caribe, Miami,1993

www.ingramcontent.com/pod-product-compliance
Lightning Source LLC
Chambersburg PA
CBHW070322160726

47999CB00003B/1103